無線無限

馬可尼

唐念祖　著

三民書局

打開每個人心中的「想像盒」

七十多年前，法國著名作家「安東尼·聖修伯里」寫過一本廣受歡迎並流傳至今的童話——《小王子》。書中那個好奇又好問的小男孩來自外星球，他純淨的心靈和真摯的感情，一直陪伴著我們地球上一代又一代人的成長。

作家聖修伯里曾經為小王子畫過一個可以讓綿羊居住的盒子。而作家自己也擁有一個珍寶盒，裡面收藏著老照片、舊信件和許多小玩意兒，他常常去翻弄這個盒子，想從中尋找創作的泉源。

三民書局的出版團隊也有這麼一個盛滿「想像」的大盒子，裡面匯集了編輯們經年累月的經驗、心得，以及來自作者、插畫家等的好主意和新點子。多年來，這個團隊不斷為小讀者們出版優秀的人物傳記、勵志叢書等。董事長劉振強先生認為這是出版人的使命，一個好傳統一定要延續下去，讓小讀者永遠有好書可讀，而且每一套書都要精益求精，各具特色。

因此，當我們開始構思下一套新書的方向，如何能夠既延續傳統，又能注入不同的角度和活力，呈現出一番新的面貌，便成為我們的首要考量。

編輯團隊圍坐在一起，慎重的打開我們的「想像盒」，希望從盒裡累積的智慧中汲取靈感。盒內的珍寶攤滿了桌面，眼前立即出現許多引導性的話語，大家一面仔細挑選，一面漸漸理出一個脈絡。

「書寫近代人物，更貼近小讀者的心靈。」

「介紹西方人物，增強小讀者對全球人物的興趣。」

「撰寫某個行業或某個領域中最有代表性的人物，他們的成就

對後世有重大影響，對小讀者有正面啟發作用。」

「多用說故事的方式寫作，以增加趣味性。」

「想像盒」就這樣奇妙的為我們搭起了一個框架，編輯團隊在這個架構中找到了方向，大家興奮的為新叢書定名為「近代領航人物」系列，並決定先從介紹西方人物入手。

框架既已穩固，該添進內容了。如何選取符合條件的撰寫對象，是編輯團隊的再次挑戰。我們又打開了「想像盒」……

「叮」的一聲，盒內跳出一個 "THINK" 的牌子，大家眼前一亮，「那不是 IBM 公司創始人湯姆士‧華生的座右銘嗎？意思是要我們海闊天空的去想像，才能產生創意啊！」於是，話匣子打開了。

有人說：「我們每個人手裡都拿著手機，不需要長長的電話線連接，就能無遠弗屆的與人聯繫，但對有『無線電之父──馬可尼』之稱的這個聰明人，我們知道的並不多。」

有人說：「啊！有了，我們何不請最喜歡開飛機的聖修伯里帶大家到義大利去拜訪馬可尼呢？」

有人說：「馬可尼不是已經拍來電報，為我們安排好去巴黎看可可‧香奈兒的時裝展示會了嗎？還要去倫敦聽約翰‧藍儂的搖滾音樂演唱會哩！」

有人說：「我對時裝展示會沒有太大興趣，但是既然去了巴黎，我倒是很想去看看大文豪雨果筆下的聖母院，也許會碰見那個神祕的鐘樓怪人！」

有人說：「我希望去倫敦時，能走訪唐寧街十號，一睹英國第一位女首相，鐵娘子柴契爾夫人的丰采。」她輕輕咳嗽了一聲，接著說：「我的肺炎剛痊癒，是用了抗生素才治好的。聽說抗生素是英國

細菌學家弗萊明發現的，我也想順便彎去他在倫敦的實驗室參觀一下。」

有人附議：「那太好了，我可以在路邊書報攤買本英國大經濟學家凱因斯主編的《經濟期刊》來一讀。」

有人舉起手來，激動的說：「我原是個害羞沉默的人，自從去上了卡內基的人際關係課程後，才學到怎麼樣表達自己。我想說出我的心願，那就是去美國華盛頓的林肯紀念碑前，聆聽人權鬥士馬丁‧路德‧金恩博士精彩動人的演講〈我有一個夢想〉。再去附近的國會山莊，參加約翰‧甘迺迪的就職典禮，聽他充滿領袖魅力的經典名言，『不要問國家能為你做些什麼，要問你能為國家做些什麼。』」

有人跟著說：「我是環保和人道主義的支持者。既然我們到了美國，我想去緬因州，到環保使者瑞秋‧卡森收集海洋生物標本的海邊去走一走。也想去紐約的聯合國兒童基金會總部拜訪兒童親善大使奧黛麗‧赫本。這兩位心靈和外表都美麗的女士，一直是我最崇敬的偶像。」

看到大家點頭同意，他急忙追加：「啊，如果還能去洋基球場觀看棒球巨星貝比‧魯斯在球場啟用那天轟出的第一支全壘打，那我就太滿足了⋯⋯」

編輯們彼此會心一笑，這是討論時常有的現象，抱著「想像盒」，天南地北，穿越時空。我們總嘗試以開放的思路，為「傳記」類型的叢書增添更多的新意。

這時一陣歡笑聲響起，原來是美國物理學家費曼為慶祝自己得到諾貝爾獎而開的派對。賓客中有許多知名之士，第一位登陸月球的太空人阿姆斯壯也在其中。聽說費曼正在調查挑戰者號太空梭故

障的原因，阿姆斯壯是他最好的太空顧問！費曼是位科學家，但他興趣廣泛，音樂、舞蹈樣樣精通。只見他隨著熱情洋溢的森巴舞曲，一面打著鼓，一面與現代舞創始人瑪莎・格蘭姆翩然起舞。

「別鬧了！費曼先生。」門口走進一位胖嘟嘟，面無表情的老頭，把大家嚇了一大跳！只見他拿起手上的擴音器說了一聲「卡」，啊啊，難道他就是那位驚悚片大導演希區考克？

他嚴肅的接著說：「受世人景仰的南非自由鬥士曼德拉先生剛剛辭世。請大家起立致敬。」

我們這趟「穿越之旅」中的二十位人物即將登場，希望他們的領航故事也能開啟小讀者心中的「想像盒」，將來或可成為另一個新領域中的領航人，傳承發揚人類的智慧和文明。

在此特別感謝為小讀者說故事的作者們，除了正文之外，他們都特別增寫了一篇數百字的「後記」，提綱挈領的道出各撰寫人物對世界的影響，提供小讀者更明確的閱讀指標。同樣也感謝繪製精彩畫面的插畫家們，為使圖文搭配相得益彰，不惜數易其稿。對編輯團隊能讓叢書順利的如期出版，我心存感激。對充滿使命感、長期為小讀者做出貢獻的三民書局，我致上最高的敬意。

對您，選擇讀這套叢書，我誠懇的說聲「謝謝」。有您的支持，讓我們有信心為小讀者打造更多優良讀物。

張燕風　2013 年歲末寫於臺北

近來，筆者有意記錄一些自己成長中的點滴，寫下來留給女兒和兒子看。回想小學時候，別的課外書都不記得了，只有一本《奮學記》印象最深。因為兩個孩子是在美國出生長大的，我查出了這部翻譯書的原名：*Carry on, Mr. Bowditch*。女兒興奮的說，她小時候也特別喜歡這部書，我們多了這份共享，讓我格外高興。同時，我也體會到，一些克服挑戰而達成夢想的傳記，可以對求學階段的小讀者產生深遠而重大的影響。這次有幸替三民書局的近代領航人物系列撰寫馬可尼傳，可以說有些小巧合。馬可尼和《奮學記》的主角包狄池一樣，都深愛航海，而他們終生達成的貢獻，在雙重意義上，都是名副其實的「領航」人物。

航海家包狄池比馬可尼早出生一百零一年。那時代的航海充滿了危險。包狄池以自學苦讀，完成了一部以數學作天文計算為基礎的《美國實用導航手冊》。經過幾十版增修，一直到今天，還是所有航海者確定航線的必備參考。可是跟人生經歷一樣，即使有了目標，旅途中難免會有各種環境上的變化和挑戰。馬可尼發明的無線電報，讓航海者能夠在各種險惡的氣候中，跟遠距離的陸地或者其他船隻聯絡，無數的海洋渡客，因此才能平安到達目的地。

更重要的是，馬可尼發明的無線電報，擺脫了纜線的限制，奠定了遠程通訊的基礎，激發了人類有史以來最燦爛的訊息革命。今天我們生活中，有數不清的便利，直接或間接的來自馬可尼的貢獻。他的發明，在這一百多年來的科技中，是一個不可或缺的關鍵。展望未來，人類的發展，潛力更是無限！

回頭來看，這一切都起源於馬可尼小時候的夢想。

根據一些學者研究，幾乎每一個小孩都有很可觀的創造力。可

惜的是，在成長過程中，常常因為種種因素被壓制下來。馬可尼的母親鼓勵他追求自己的夢想，不受傳統教育的局限。馬可尼不迷信當時科學界公認的權威，堅持自己的直覺和觀念，不屈不撓的試驗，獲得成功的果實。他沒有受過正式大學教育，卻能得到諾貝爾物理學獎的最高榮譽，是有志者事竟成最好的明證。

　　我腦海中常想像著，一百多年前，馬可尼在大西洋岸邊，仰天面對狂風暴雨，搭建高聳天線的那一幕。全靠他那時候不怕挫折的堅強意志，才把他夢想中的無線電報變成現實。他的這項發明救起了多少遭遇海難的生命，這觀念激起的漣漪，也連帶影響其他的科學家，創造出無數的新發明，造福了全人類的生命。

　　希望這本關於馬可尼的故事可以鼓勵小讀者，勇敢的追求自己的夢想。

唐念祖

　　一向愛書的他，從臺灣大學土木系畢業，服完兵役就到美國留學。先後在加州大學的戴維斯和柏克萊校區，取得了結構工程和企業管理碩士。在舊金山南邊矽谷從事電腦資訊方面的工作多年，兩個好兒女也完成學業有了理想工作。興趣廣泛的他，自己開始追求多方面的學習、創作與欣賞，把握精彩的人生第二階段。

無線無限

馬可尼

CONTENT

馬可尼

1874～1937

Guglielmo Marconi

前　言

哈囉，哈囉

　　琪琪滿頭大汗的跑進家門，把手機插上充電器，抓起桌上的電話，急忙按鍵撥號。她上氣不接下氣的說：「怡怡，妳現在在哪裡？……對不起，我手機剛好沒電，只好跑回家打給妳。我們要看的那場電影，票已經賣完了。妳來我這裡，我們一起去逛街如何？」

　　琪琪掛了電話，回過頭來，跟坐在沙發上看書的爸爸說：「還好電影院近，不然不知道會耽誤多少時間呢！真沒辦法想像沒有手機以前，大家是怎麼過日子的。」

　　爸爸說：「哈哈，琪琪，妳手機沒有電的時候，有沒有想過，沒有發現電以前，人們是怎麼生活的？或者，想得更進一步，沒有發明電池以

前，能有手機嗎？現代人的生活真是太方便了，需要跟家人或朋友講話時，不管在什麼地方，只要手機一撥就可以通話了。我在妳們這個年齡的時候，要打電話只能用有線電話，哪裡能隨時走到哪，說到哪。」

「那麼，電話發明之前呢？」琪琪好奇的問。

爸爸說：「那跟別人聯絡更不方便了。寄封信要幾天時間來回，如果有什麼急事，只能靠打電報了。」

「電報？我只在故事裡聽過。現在還有人用電報嗎？」

「現在除了電話，到處都是網路，大家都用電子郵件和即時通訊軟體，大概很少有人用電報了吧。」

「電報發明以前，人們怎麼樣傳話呢？」琪琪接著問。

「這是個有趣的問題。從古以來，人們為了要把訊息傳播到距離遠的地方，花了很多心思。

妳在歷史課上是不是聽過周幽王點烽火臺＊的故事？」

「對！聽過。」琪琪一臉得意，「我還知道古人會在戰場上鳴金擊鼓，後來又用號角傳達作戰訊息的。」

爸爸接著說：「後來還有人利用傳信鴿送消息，或者是揮舞旗幟來打旗語，還有使用信號燈的，可以說是五花八門。不過妳想想，這種種的方法，有什麼缺點？」

＊周幽王點烽火臺：西周時，出了一個昏君周幽王。當時西周已有很多危機，他不努力挽救，反而把時間完全放在他的愛妃褒姒身上，國家大事都丟給大臣。褒姒不喜歡笑，周幽王竟然宣布，如果有人能想辦法讓褒姒笑一下，就賞黃金千兩。於是有人就建議用烽火戲弄諸侯。當時西周在山頂設了很多烽火臺，看守邊境的人發現敵人入侵就點燃烽火，鄰近的烽火臺看到了也相繼點火，用這種方法來傳遞求援信號。

周幽王為了逗褒姒笑，帶她到山上去，沒有敵人卻命令點烽火。各地的諸侯看到烽火，以為是求救訊號，就緊急出兵保護君王。褒姒看到一大批軍隊白跑一趟的狼狽模樣，哈哈大笑起來。諸侯知道被騙了，都非常氣憤的回去。後來，真有敵人圍攻周幽王的時候，他點了烽火，諸侯不願再相信，於是按兵不動。周幽王就這樣被敵人殺死，西周也因此滅亡了。

琪琪想了想，說：「我想，天氣不好或距離太遠的時候，都會有問題吧？」

「一點也沒錯！除了這些限制，還有精確性差、無法保密等缺點。可是，自從發現電，一切都改變了。人類學會運用電的能量與特性，使得通訊方面的進展突飛猛進。在這短短不到兩百年的時間裡，從發明近距離使用的電話一直發展到現在，火星上的畫面已經可以清楚的傳到我們眼前*。這哪裡是兩百年前的人想像得到的呢？」

琪琪問：「爸爸，您覺得這兩百年中，通訊方面最重要的發明是什麼呢？」

「這是個不容易回答的問題……」爸爸思考了一下，「因為有太多了不起的科學家和發明家在這方面做了無數的貢獻，大家可能有很多不同

---

*近代電信發明的歷史：發明時間及物品依序為 1838 年有線電報；1876 年電話；1895 年無線電報；1896 年無線電廣播；1927 年電視；1962 年商用通信衛星；1969 年電腦網路；1973 年現代行動電話；1981 年行動電話網路；1982 年電子郵件；1983 年網際網路；1998 年衛星行動電話。

的意見。 不過依我的看法，最有影響力的應該是無線電報了。」

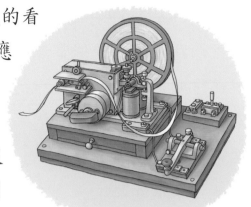

「為什麼？您不是說，現在幾乎沒有人用電報了嗎？」

「在今天，無線電報確實是幾乎完全被取代，所以大多數人都把它遺忘了。但是它在歷史上，其實占了一個極重要的角色。雖然有線電報和電話發明的時間更早，可是它們都有一個最大的弱點，就是必須要有纜線連接才能使用。建纜線對距離遙遠的地方，成本太高了。而船隻和飛機等交通工具，根本無法使用。」

琪琪問：「真的？那在無線電報發明以前，坐船和搭飛機不是很危險嗎？」

「沒錯。著名的鐵達尼號就是因為裝備了無線電報，才能在撞上冰山的時候發出求救訊息，

使附近的船隻即時趕到救援，否則後果會更慘烈。而且也因為無線電報的發明，後來才接著出現無線廣播、電視、通訊衛星等，今天的妳才會有手機可以用。現在我們每天用的各種遙控器，也都是應用相同的原理。」

　　「原來如此。爸爸，您說的對，沒有線的電器，用起來方便太多了！那這無線電報到底是什麼人發明的呢？」琪琪一臉興奮。

　　「他是個義大利人，姓馬可尼，名叫古列爾莫。」爸爸心想琪琪又拗他說故事了，笑著說：「至於他的故事，那得從一百多年前開始說起囉……」

01

滴、滴、滴……砰！

一個夏天的早晨，在義大利鄉間一棟樓房的閣樓上。

一個二十一歲的年輕人，馬可尼，站在他自己親手拼拼湊湊做出來的機器前面。

他不停的看著窗外，也看了好幾次手表，覺得心跳加速。

時間到了。他小心謹慎的把機器上的一個按鈕快速的壓了三下：「滴、滴、滴」。然後焦急的看向窗外。

「砰！」的一聲，槍響從遠處傳來*。

馬可尼笑了。他成功了！

他急忙從閣樓跑下來，喊著：「媽媽，媽媽，妳聽到槍聲了嗎？」

正在彈鋼琴的媽媽停了下來：「聽到了呀，是鄰居在打獵吧？」

向來很鎮定的馬可尼，這時候興奮得臉都紅了：「不是，是我的實驗成功了！」

媽媽眼睛一亮，高興的說：「真的？最近幾個禮拜，我常常看到你從閣樓窗戶裡指揮你哥哥和農夫密納尼跑來跑去，就知道你在做實驗。可是剛才的槍聲，也跟你的實驗有關係嗎？」

馬可尼說：「當然，我在測試電報機信號能傳多遠。一開始，我叫他們帶著接收器，每次收到

*馬可尼的等待：「先閃電，後打雷」是因為光比聲音傳播的速度快。閃電和雷聲隔得越近，雷擊的地方就越近。馬可尼從他發送信號的閣樓，到他哥哥接收到信號的地方，距離差不多 1600 公尺左右。他發出信號之後，等了多久才聽到槍聲呢？

電波傳播的速度和光速一樣，每秒 30 萬多公里，所以差不多 0.000005 秒，電波就跑了 1.6 公里（即 1600 公尺）。一般而言，這麼短的時間，等於是「同時」發生，人們根本沒辦法分辨出來。我們不知當時當地的情形，假設聲速一般平均每秒約 340 公尺，馬可尼的哥哥一收到電報信號，馬上朝天開槍，那一槍響，大約 4.7 秒可以傳回馬可尼的耳朵。由此可知，電波的速度約是聲速的九十萬倍，可見電波的速度有多快。

我發送出去的信號，就揮旗讓我知道。這一陣子，他們越走越遠，今天已經翻過山頭 1 公里半以外，到我根本看不到的地方去了，所以我請他們另外帶了獵槍。我這邊會先送出摩斯電碼*的"S"，也就是『滴、滴、滴』三聲，只要他們接收器上一收到信號就對空鳴槍。剛才我送出信號，過了幾秒鐘，就聽到槍響了。媽，我的實驗成功了！」

媽媽激動得眼眶都溼了：「孩子，太好了！等一下爸爸回來，聽了一定高興得不得了。」

馬可尼說：「是啊！爸爸總說我不好好讀書，浪費時間做這些實驗。我一定要做出成果，讓爸爸改變他的看法。這會是一項很有用的發明呀！」

---

*摩斯電碼：馬可尼出生前三十幾年，有線電報剛發明的時候，美國人摩爾斯發明了一套電碼，用長短不同的訊號來代替英文二十六個字母。比如，"S" 是以三個短信號「滴、滴、滴」代表；"O" 是以三個長信號「達一達一達」代表。所以國際通用的求救信號 "S.O.S."，就是三短、三長、三短。除了字母外，還有代表數字和標點符號以及其他常用詞的代碼。

童年的海邊假期

　　人類歷史上很多的發現，是無意間碰上的。可是馬可尼發明無線電報，絕對不是碰巧發生的。從他小時候的故事，就可以看出他的個性和成長環境，為他奠下了日後這項偉大發明的基礎。

　　1874 年 4 月 25 日，馬可尼在義大利波隆納出生。

　　當時，在旁邊幫忙的傭人說：「你們看，剛生出來的小馬可尼，有一雙好大的耳朵喲！」他的媽媽疼愛的看著懷中的小兒子，回答說：「這雙大耳朵，可以幫他聽清楚空氣中最細微的聲音。」這句話像預言一樣，真說中了馬可尼一生最大的興趣和成就。

　　馬可尼的爸爸靠自己的努力經營農場，成為一個富裕的生意人。媽媽是愛爾蘭一家有名的威士忌酒廠老闆的女兒。媽媽生完小馬可尼以後的幾年，開始有點受不了波隆納冬天的溼冷，決定到外地去過冬。

　　這一年的 10 月，媽媽又開始整理行李，準備帶著小馬可尼和他哥哥，到她靠近海邊的利沃諾姐姐家去。兄弟倆知道要去見四個表姐妹，興奮的在媽媽身邊團團轉。

　　馬可尼的爸爸在旁邊看著，說：「海邊天氣比較好，妳能在妳姐姐家好好的過個冬天，保持身心健康，我是贊成的。可是，他們兄弟倆每年這樣缺課幾個月，功課怎麼趕得上進度呢？」

　　媽媽回答：「我跟你說過，我真不喜歡他們學校的教學方式，呆板得不得了，很難引起他們的興趣。」說完轉頭問兩兄弟：「你們想留在這裡上學嗎？」

　　哥哥沒有說話。小馬可尼雖然有一點怕爸爸

生氣，不過還是鼓起勇氣說：「我也不喜歡去學
校，很多同學常常欺負我。」

「教育是每個人一輩
子最重要的本錢，怎麼
可以從小就不好好的上
學呢？」爸爸對著兩兄弟說。

媽媽說：「我同意，他們應該要有好的教育。
可是如果學校讓他們不感興趣，只會產生反效
果。你記得小馬可尼五歲的時候，我帶他去英國
上了一陣子小學？那裡學校比較好，他也表現得
還可以。」

爸爸說：「我們家在義大利，去英國究竟不是
個長遠的辦法。」

媽媽說：「我有個更好的主意。我們替他們請
好的家庭教師，在家裡自修。我保證他們會比在
學校還要學得更好。」

爸爸雖然有點不情願，可是他很疼愛妻兒，
不忍澆他們冷水，就答應了這樣的安排。

其實他沒想到，這個每年冬天鄰近海邊的假期，對馬可尼的未來，有兩個非常正面的影響。

一個是，這段童年看大海的快樂回憶，使得馬可尼一輩子都深愛航海。另一個是，他姨媽家的人都說英語，每年的相聚，也增強了他的英語能力，他有一口流利的英語，說得十分漂亮而標準。這兩樣因素，對他日後在英國順利發展跨海電報傳送實驗，有極大的幫助。

在馬可尼出生之前，義大利波隆納的大學裡，已經有一些對電學有研究和發現的學者。

馬可尼從小就喜歡翻看大人書房裡有關電學方面的書，比如富蘭克林發現電，還用風箏去試

驗的故事。接觸到這些，除了影響他日後對電的各種實驗，也讓他對各式各樣的機器都很感興趣。

馬可尼的手腳特別靈敏，曾經在屋頂上裝設金屬棒。當大風雨來的時候，便會把空中的雷電引入他的裝置，然後輸送到屋裡，敲響電鈴*。

母親替他請的家庭教師，專門教他最喜歡的科目，包括物理、電學和鋼琴。他母親自己教馬可尼英語。馬可尼的鋼琴彈得很好，很會看樂譜，他喜歡蕭邦、貝多芬和舒伯特。

馬可尼就是在這樣一個環境中長大的。

*閃電實驗：美國的富蘭克林兩百多年前發現了電。據說他最初是在閃電的時候，放風箏到空中去，在風箏線靠近地面的這一端，綁了一把鑰匙。閃電的時候，電傳到了鑰匙上，富蘭克林碰到鑰匙，觸了電，才證明電的存在。馬可尼讀了這個故事，也試著在屋頂上裝金屬棒來引下電源。多年後他還用風箏和氣球增加他的天線高度，不過這是很危險的，閃電的能量非常高，常常有人被閃電擊中而傷亡，一般人沒有勇氣輕易嘗試。富蘭克林和馬可尼十分幸運沒有受到傷害。

求學路上的
十字路口

　　馬可尼一直到十二歲以後，才真正和一般學生一樣，到正規學校去上全天課。這對他來說，是一個很大的改變，他非常不習慣學校。

　　這一天，他從學校回來，氣鼓鼓的把書包一扔。疼愛他的母親，知道他心裡有了委屈，需要跟他談談。

　　媽媽說：「今天在學校過得怎麼樣？」

　　「老師上課的時候問我問題，我一回答，就有幾個同學笑我的英國口音。下課以後，幾個人還不停的重複取笑，討厭極了。」馬可尼一臉不悅。

　　「你不要管他們，他們只會說義大利文，你除了義大利文，還會英文，比他們強多了。以後

長大了，多一種語言會很有用的。」媽媽話鋒一轉，「老師對你還好嗎？」

馬可尼說：「物理、化學老師對我很好。可是除了這些，我不喜歡其他的科目。上課的時候，老師硬是要我坐在那裡，好沒意思喔！而且別的老師都不喜歡我。」

「唉，學校是給多數人提供教育的地方，適合一般學生。你是個特殊的孩子，強迫你去適應，就好像逼著你穿一雙小了一號的皮鞋一樣，太痛苦了。」

馬可尼抬起頭來，語氣堅定的跟媽媽說：「讓他們去笑。我知道，總有一天，我會做出偉大的事，讓他們看看，我並不像他們想像的那麼笨，看他們到時候還笑不笑我！」

媽媽聽他這麼說，心裡總算鬆一口氣，看到他把同學的譏笑轉化成激勵自己的原動力，很高興的笑了。

這樣幾年下來，因為馬可尼把全部精神都集

中在他喜歡的科目，不願意花時間去管他不愛的課，所以他的平均學業成績不好，以至於沒辦法拿到高中畢業證書。更教他失望的是，因為他沒有高中畢業資格，海軍軍校也不收他。

馬可尼被海軍軍校拒絕的這天，心情沮喪的待在自己屋裡。爸爸也非常的失望，在客廳裡來回踱著步……

媽媽打破沉默，跟爸爸說：「這孩子一向喜歡航海，而且他的幾個好朋友都進了海軍軍校，他沒有被錄取，當然是很難過的。」

爸爸說：「我早就說過，但他不聽我的。他應該把每一門功課都弄好。一天到晚，光是浪費時間在那些沒有用的實驗上。現在高中沒畢業，海軍當不成，大學也進不去。這怎麼辦？」

「我覺得我們應該順著他的興趣自然發展。既然他對電機這麼感興趣，我們就讓他進技術專科學校不好嗎？」

「妳覺得他會好好的讀下去嗎？」

「我想會的。他對這方面既有興趣，又有天賦。還記得嗎？有一次他把他姨媽送給黛西表妹的縫衣機給拆了開來，竟然把它改裝成一個烤肉時，用來插著肉在火爐裡旋轉的機器。黛西看到心愛的縫衣機變了樣，哭了起來。但馬可尼很快的把機器重新組合還原，黛西就又破涕為笑了。」

爸爸說：「他確實是有一點本事。有時候家裡一些小機器壞了，他竟然能把它們修理好，甚至比原來的還要好用。他的這些天分，常常讓我覺得很驚奇。好吧，我們試試看吧！」

就這樣，馬可尼得到了母親的支持、父親的許可，開始全力追求自己的夢想。

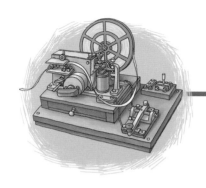

04

阿爾卑斯山下
思考出的靈感

馬可尼把家裡有關電學的藏書，全都看得滾瓜爛熟了。他知道當時各地都有很多人熱衷於做這方面的研究，他急切的想知道最新的發展，就要求爸爸幫他訂閱了一些科學雜誌。

媽媽看他求知心切，想進一步協助他，就請求住在附近的一位瑞基教授幫忙。

瑞基是義大利波隆納大學的物理教授。馬可尼的學歷不夠，高中沒畢業，不能進大學聽課。可是瑞基教授常常跟他交談，覺得他相當聰明，程度很好，所以破例讓他用學校的實驗室和圖書館。

馬可尼高興極了。他常常抓住機會，把從雜誌和書本裡讀到的知識，在實驗室裡證明。甚至

在實驗過程中，得到新的靈感，把一些儀器或方法，加以改進和創新。有了疑問，瑞基教授還熱心的跟他討論，他在電學方面的能力因此突飛猛進。

二十歲那年的夏天，他和母親去阿爾卑斯山度暑假。馬可尼每次出門，總是隨身帶一堆科學雜誌，有空就讀。

這一年，一位世界有名的科學家，德國人赫茲，才三十六歲就英年早逝，引起科學界的震撼，因為赫茲在電磁學＊方面，有著極大的貢獻，所有的科學雜誌，對他所提出的理論和實驗，都有

＊電磁學：我們日常生活中的「力」，大致有兩種，萬有引力和電磁力。「地心引力」就是萬有引力的一種。除了萬有引力以外，所有物質最基本構成體的分子和原子之間，完全是電磁力的相互作用。

原來人們以為電力和磁力是兩回事，法拉第發現電和磁的相互作用之後，麥克斯威爾認為，電力和磁力其實是同一種力量，就像聲和光一樣，以波的形式傳播。人耳和人眼無法輕易區分每種波長，所以在這方面的科學發展之前，人們並不知道世上有「電磁波」。麥克斯威爾以簡單的數學公式，推導出與電磁波相關的方程式。而赫茲以實驗證明了電磁波的存在，也驗證了麥克斯威爾的理論是正確的。因為赫茲的研究，電磁學開始受到重視，後來才出現各種應用電磁波的發明。

大篇幅的報導。馬可尼著了魔似的，一字不漏的讀遍。

年輕的馬可尼，吸收了大量赫茲電磁學方面的學識。假期中，在山明水秀的阿爾卑斯山下，他看著山腰的青翠草木，和高聳入雲的雪白峰頂，想像著肉眼看不見的電磁波充滿在空間裡，好奇的猜測著電磁波可能的動向。別人以為他只是在做白日夢，可是媽媽對他有信心，不去打攪他。經過努力思考，馬可尼果然激發出一些靈感。假期結束，他一回到家，馬上跑去找瑞基教授。

「瑞基教授，我想多向您請教電磁學方面的理論，同時在您實驗室裡多做一些這方面的實驗，可以嗎？」

「可以呀，不過，告訴我，物理學有這麼多主題，你為什麼選擇電磁學呢？」

「因為這個暑假，我讀了很多關於赫茲的報告，尤其是他以實驗證明了麥克斯威爾的電磁波數學理論，實在讓我著迷不已！他怎麼會想得到，

物理現象可以用那麼完美的數學去解釋，簡直像個奇蹟一樣。」

瑞基教授聽了，用很欣賞的眼光看著馬可尼，微笑著說：「就是這個原因，世界各地的科學家都對這感興趣。英國、美國、俄國頂尖的學者，都受到赫茲的啟發，投入這方面的研究。」

馬可尼猶豫了一下，鼓起勇氣問：「瑞基教授，我還有一個想法……您覺得，我們可不可能利用電磁波來傳播訊號？」

瑞基教授愣了一下，回答說：「傳播訊號？我想不容易吧。現在有那麼多聰明的科學家在研究電磁，如果有可能的話，不是應該早就有人發明成功了？」馬可尼聽了，沒有回答，他忍住了自己心裡的一些話，等到回到家裡才告訴媽媽。

「媽媽，我聽了瑞基教授的話，一方面覺得有點不服氣，想要接受這個挑戰，可是另一方面又想，他說的也許有道理，全世界那麼多聰明人，總會有人想到吧？」

媽媽說：「孩子，如果你有這個想法，就應該努力去做。如果你不動手去試，哪一天看到別人宣布發明出來了，那才夠你去後悔呢！你說是吧？」

「媽媽，您說的對。我想馬上開始，因為時間寶貴，既然要做，當然要趕在別人前面才有意義。」

媽媽說：「太好了。孩子，我看你在家裡需要一個固定的實驗室。我去跟爸爸商量，把上面閣樓騰一半出來給你。」

原來馬可尼爸爸繼承他祖父當年遺留下來的蠶絲產業，利用閣樓來養蠶。經過媽媽的遊說，爸爸把本來鋪在閣樓地板上，用來養蠶寶寶的架子堆疊起來，這樣就增加了能使用的空間，再把閣樓隔成兩半，一半給馬可尼用。

就這樣，馬可尼有了一個專用的實驗室，他開始日以繼夜的在裡面工作。

閣樓上的實驗

　　除了外出找需要的材料，馬可尼從早到晚幾乎很少離開實驗室。等到吃飯的時候，不管叫他多少次，他都只是隨口應著說「我馬上就來」。常常全家都吃完飯了，他還沒下來。媽媽心疼馬可尼，擔心他的身體健康，乾脆把飯菜送到實驗室門口。即使如此，有時候還得提醒他，不然他總還是忙到肚子餓都不覺得，仍然忘記吃。

　　這一天，比他大九歲的哥哥到閣樓上的實驗室來看他。

　　「弟弟，你的實驗做得如何了？」

　　「我覺得很有成功的希望！」

　　「哦，那太好了。你能不能解釋給我聽，到底怎麼樣利用電磁波傳播訊號？」

「哥哥，電報發明已經五十多年了。可是收和發的電報站之間，必須要有電線連接。五、六十年前，法拉第就發現電和磁之間的相互作用，可是一直到最近，赫茲的理論出現，才讓科學界了解電磁波的現象。他的實驗證明電磁波可以在空氣中傳播，不需要靠電線，儀器之間就能相互感應。所以我覺得，電報應該可以用無線的方式操作。」

哥哥說：「聽起來有道理。」

馬可尼說：「對呀，這應該是很簡單的道理。所以我覺得奇怪，為什麼還沒有人發明無線電報？」

「說不定有別人也這麼想。」

「所以我很急，動作一定要快。而且還得要保密，免得被別人捷足先登。」

哥哥看著實驗室裡一大堆拼湊出來的儀器說：「弟弟，我還是看不出來什麼是電磁波。」

「哈哈，哥哥，電磁波就像聲波一樣，眼睛

是看不到的。我們能聽到聲音，是因為聲波經過空氣傳播振動我們的耳膜。同樣的，電磁波本身是看不見也聽不到的，所以要用會跟電磁波感應的儀器來幫忙。」

馬可尼指著一個玻璃管繼續說：「這就可以偵測出電磁波。這裡面的金屬材料，受到電磁感應，就會傳電。」他再指著旁邊一些連接著的結構說：「一旦有了電，這些機器被帶動，就可以用來傳播訊號。」

哥哥說：「哦，這聽起來不太困難嘛！」

「對，道理簡單，做起來卻非常複雜。光是準備這些金屬材料，就不知道花了我多少時間。你看，我這筆記本裡記載了這麼多，全是我試用過的材料，每一種成分的比率組合，做出來結果都不一樣。一件件的試，直到碰到了對的搭配，才能成功。」

哥哥看著玻璃管連接著的機器問：「你選對了金屬材料之後，就大功告成了吧？」

馬可尼說：「那只是第一步。用來帶動的機器，除了要偵測有沒有電的感應之外，更重要的是需要能分別感應時間的長短。因為摩斯電碼有長有短，有了長短的分別，才能把訊號有意義的傳播下去。這方面的儀器，我也花了很多時間去設計。我自己製造了之後，根據實驗的結果，再不斷改進。」

「那下一步呢？」

「現在我只能在很近的距離內傳播，這只驗證了我的主意是對的。希望我能把訊號傳播的距離越拉越長，才是個有用的發明。」

「弟弟，我真佩服你。我可以幫你忙嗎？」

「當然可以。我現在的設備越傳越遠，一個人跑來跑去，實在沒辦法應付。有時候我根本不知道訊號傳了多遠。如果你可以幫忙，那就太好了。」

就這樣，馬可尼有了哥哥的幫忙，進展的速度更快了。他不停的改進每一個細節，屋頂上的天線也越來越高，越來越有效。

終於，在他二十一歲那年夏天的一個早上，馬可尼在他哥哥和農夫密納尼的幫助之下，成功的把訊號傳播到 1.6 公里以外。不但到了眼睛看不到的地方，這段距離裡的樹木、農場、山丘，都無法阻擋他發出的無線電訊號。

06

發明受到關注

　　那天馬可尼成功的把電波訊號傳播到遠處。跟媽媽說了之後，全家都興奮的等爸爸回到家裡。

　　爸爸一進門，媽媽就急著說：「今天小馬可尼有好消息跟你報告！」

　　「爸爸，我今天把訊號用電波傳播到 1 公里半遠的地方。房子、樹林，甚至於山坡，都擋不住訊號。」平常總是有一點怕爸爸的小馬可尼，今天充滿了信心。

　　爸爸聽了，臉上帶著驚喜，說：「真的？1 公里半？那麼遠！」

　　站在旁邊的哥哥忙著插嘴：「是呀！我在現場幫忙試驗的！我帶著接收器，跑到老遠看都看不

到的地方，但還是收到了弟弟從閣樓上發出來的摩斯電碼。」

　　媽媽也說：「我跟你說過吧？這孩子有辦法的！」

　　爸爸高興的說：「妳是說過。可是，當初我還不是為了他好，怕他做不出來，把寶貴的時間浪費掉了。現在既然成功了，我們要趕快想想，怎麼樣走下一步。我相信，這項發明是真正有前途的。」

　　媽媽說：「你有生意頭腦和經驗，幫他出點主意吧！」

　　爸爸想了一下，說：「我當然全力支持。我覺得，他的發明現在只是初步成型，為了繼續研究改進，需要雄厚的資本。我馬上就寫信給義大利郵政總局。這項發明應該會帶給國家極大的利益，希望郵局能夠投資。」

　　沒想到，義大利郵局接到這封信的人，沒有

遠大的眼光，也沒有對馬可尼的信心。連給他一個面談的機會都不願意。

馬可尼的爸爸媽媽在義大利碰了釘子，很自然的就想到了英國＊。

好幾個世紀以來，英國在科學方面一直非常發達。同時媽媽還有很多有地位的近親住在倫敦。所以，1896 年 2 月，馬可尼快要二十二歲的時候，媽媽帶他到了倫敦定居。

他們從義大利坐船到英國，靠岸的那天，馬可尼住在倫敦的表哥來接他們。

表哥很親熱的跟他們打了招呼之後說：「我們好幾年沒見面，小馬可尼都長這麼大了！……奇怪，船靠岸這麼久，我們等了半天，你們才出來，怎麼回事呀？」

＊**選擇英國的原因**：英國在近代科學發展上有很大的貢獻，牛頓就被稱為科學之父，在他之後，英國還出了很多科學家。英國的皇家學院也是當時全世界科學界的首要機構。另外，英國的航海技術是全球第一，當時的勢力因此控制了世界各地，還有「日不落國」之稱。考量種種因素，前往英國發展是最好的選擇。

「我隨身帶的黑箱子裡，放了自己親手做的電報儀器。英國海關官員檢查行李的時候，不知道箱子裡是什麼東西，一打開來看就把儀器給弄壞了。」馬可尼一臉不悅。

媽媽在旁邊說：「唉，也不能完全怪他們啦！新發明的東西嘛，他們當然不知道。只好自認倒霉，花點時間把它修理一下吧！」

做工程師的表哥說：「對呀，連電燈都才發明不久，使用都還不普及，海關怎麼會懂你的發明。不過我對你的電報機非常感興趣，我可以找幾個好朋友來，一起幫你修理。」

馬可尼說：「謝謝你，我自己會修理，不用麻煩你的朋友幫忙。說實話，我也不想讓別人知道其中的祕密。不過等我修理好了，倒是很樂意示

範給你們看。」

表哥高興的說：「那太好了，就這麼辦！」

幾天之後，他表哥邀請了一些朋友來，請馬可尼示範如何操作他的無線電報機，大家看了都覺得很稀奇。他表哥有一位朋友認識英國郵政局的總電機工程師，普利司。這位朋友幫馬可尼寫了封介紹信，約定好 3 月底讓馬可尼到普利司的辦公室去示範。

這一天上午，馬可尼見到了普利司。

當時差不多已經六十歲的普利司，留著像聖誕老人一般的銀白色大鬍鬚，戴著一副金邊眼鏡，很有權威的樣子。他看見比他小了幾乎四十歲的馬可尼，很有自信心的樣子，心裡相當好奇。

兩個人打過招呼之後，馬可尼把他帶來的兩大袋儀器在桌上攤開來，開始裝配。

馬可尼仔細擺設各種複雜的零件。同時，普利司也指揮自己的助手，把郵局工程部門的電池和電線拿出來。

　　差不多裝好的時候，已經過中午了。下午兩點，大家吃完午飯回來，示範開始。

　　馬可尼才剛按下摩斯電碼器沒多久，在房間另一頭的鈴就響了起來。兩個儀器之間沒有任何電線連接。

　　普利司一愣，非常驚訝的說：「我做了一輩子電機工程師，可是從來沒有看過這樣使用電波的。」

　　馬可尼說：「我聽朋友說，普利司先生，您也在研究如何改進電報的技術？」

　　「沒錯。可是我的方法，需要在電報的發送端和接收端之間，預先埋下地下電纜。電報的傳送，需要靠附近電纜的感應。你的方法不一樣，這才是真正的無線電報。我原以為沒有電線，電波只能在空中傳播幾公尺。可是聽說你已經能讓訊號傳播得很遠了，是嗎？」

　　「是的。已經可以傳好幾公里了。不過，我還在繼續改進，我確定還可以更遠。」

　　普利司對這個充滿自信的年輕人刮目相看了。他在馬可尼的身上，看到了自己的影子。普利司也不太喜歡正規教育，同樣也是只對自己感興趣的科目極度熱衷的人。

　　他告訴馬可尼：「太好了，我相信你會成功的。馬可尼，我願意幫助你。歡迎你隨時使用英國郵局電報部門的任何設備和人員。」

　　當天下午，他們兩人在郵局的電機工程室裡，繼續做了一些調整。告別時，馬可尼充滿感激的向普利司道謝。一回到住處，馬可尼忍不住跟媽媽分享內心的喜悅，也馬上寫信把這個好消息告訴爸爸。

　　7月的時候，普利司安排馬可尼示範給郵局的高級主管看。當場見識到馬可尼的儀器竟能讓訊號傳播幾百公尺，甚至超過一千多公尺，大家都很驚訝。

　　本來普利司很早就預定，12月的時候，要在倫敦的湯恩比廳做一次公開演講，說明他在改進

電報上的成果。現在他看到馬可尼的發明，比他自己的要好得太多，就決定改成介紹馬可尼的成果。

12月在湯恩比廳，那些參加了展示的觀眾，看到馬可尼能夠不用電線就隔空傳訊，都瘋狂似的著了迷。這種現代人早就習慣、完全不當一回事的現象，可是讓當時在場的人都看得目瞪口呆，覺得就像奇蹟般的變魔術一樣，大為轟動。所有的報章雜誌都用了很大的篇幅來報導。

普利司只要有機會，就到處向別人宣傳馬可尼的發明，他預測這發明會使得航海更容易，而且安全得多。馬可尼的名字就這樣像電波一樣的傳播到各個角落。

07

競爭開始

　　當馬可尼上了新聞，他面臨的情況開始在兩方面有了極大的改變。

　　首先在一夜之間，有很多投資者覺得馬可尼的發明有很大的商業機會，紛紛向馬可尼表示興趣，提出跟他合作的條件。馬可尼的爸爸給了他很多建議，叫他謹慎選擇合作者。沒過多久，馬可尼就跟表哥及其他親戚，在英國正式成立了公司。

　　另一方面，就如同馬可尼最初所擔心的一般，有一大堆競爭者出現了。

　　因為當時電學剛剛被科學界重視，各種新的發明不斷出現，可說是日新月異。馬可尼知道，如果要得到商業方面的成功，擁有專利權*是最

重要的事。所以馬可尼早早就在英國申請了第一個無線電報的專利權。

馬可尼成立了公司，公司又馬上將他的專利權買下為公司所有。這樣一來，普利司以及英國郵局，就被排除在這項發明未來可能獲得的商業利益之外了。普利司非常不高興，立即撤除了郵局對馬可尼的所有支援。

有一天，對公司前途開始擔心的表哥，跟馬可尼談起這些問題。

他問馬可尼：「最近科學界對你的無線電報研究，好像有很多批評，你覺得是為什麼呢？」

馬可尼說：「在電學方面有深厚背景的學者，

*專利權：用來保障發明者的權益。在法律規定的保護時效範圍以內（通常是十到二十年，依國家和產業有所不同），其他人如果沒有經過專利權所有人同意，就從事生產、銷售或使用這項發明，擁有專利權的人可以控訴他違反專利權而求償。馬可尼在無線電報方面，一直有各種不同的專利權訴訟，算是家常便飯。比如現在的智慧型手機，所有的構成零件和設計，就牽涉到幾十萬個專利權，想要判斷是否抄襲，相當不容易。這是非常複雜的科技與法律問題。

大多數都在研究電磁學的理論。而我專注在實際的應用。我有自知之明，我對於理論方面不太了解。可是對於達到我的目標，我覺得理論並沒有那麼重要。」

表哥點點頭：「確實，一般科學家都認為理論比實際重要。」

馬可尼接著說：「我連大學學位都沒有拿到，所以在學術界被瞧不起。一旦我普遍被大眾注意，科學家的妒嫉和排擠，自然更加厲害了。」

表哥說：「還有些人說你侵犯了別人的專利權。」

「要達到我的夢想，做成無線電報，靠我一個人的能力是不夠的。我當然需要利用很多別人已經發明出來的儀器和方法。所以，這方面遭受到質疑和攻擊是難免的。我想，我們未來的幾年，可能都必須不斷的努力奮鬥，來處理因為維護專利權而引發的爭議和訴訟。為此，我們必須僱用最好的工程師和律師，來面對這些挑戰。」

　　表哥又問：「最近德國的競爭威脅極大，又是怎麼一回事呢？」

　　「在普利司剛開始幫我安排各個展示活動的時候，他大意了一點，少了戒備心，有一次邀請了一位德國教授斯拉比來參觀。」

　　「我聽說斯拉比教授也正在研究無線電報？」

　　馬可尼說：「就是呀！在看我的展示之前，他再怎麼努力，也沒辦法把訊號傳到 100 公尺以外。他看到我能夠傳播幾公里以上，佩服得不得了。一回到德國，就馬上改進自己的設備和方法，希望能學習到我的祕密。」

「他學到了嗎？」

「很難說，但我
聽說他進步了很多。
德國統治者威廉二世
野心勃勃，決心要使德

國在科學技術方面超越其他國家。斯拉比教授在
無線電報上的研究發展，得到政府全力支持。所
以普利司一時的善意和疏忽，不但給我帶來一大
競爭者，也給英國和德國兩個國家，增加了帶有
敵意的競爭。」

這事件甚至對於後來的兩次世界大戰，都有
深遠的影響。這是普利司起初絕對沒有料想到
的。

在這麼多競爭者之中，最大的威脅是英國利
物浦大學的洛居教授。洛居是當時英國著名的物
理學家。

　　洛居教授差不多在馬可尼開始做無線電報實驗的同時，也曾經利用赫茲的電磁波原理，以無線的方式傳播訊號。但是他只在很短的距離內成功。他以當時的情況判斷，覺得沒有什麼商業用途，所以很快就放棄了，沒有繼續研究下去。等到馬可尼成名了，他才開始到處聲明，自己才是真正最初的發明者。

　　洛居的行動給馬可尼帶來很大壓力。馬可尼公司的投資者開始信心動搖，害怕專利權受到挑戰，失去他們在市場上的優勢。馬可尼僱了精明能幹的律師，經過長期的談判，幾年後終於跟洛居達成協議。他們付洛居一筆錢，同時聘請他為公司顧問，洛居才撤銷對馬可尼的控訴，減少了對馬可尼的威脅。

向大海挑戰

　　馬可尼從小就喜歡海。他的一生跟海洋一直
有密切的聯繫。

　　二十五歲那年，馬可尼被邀請到美國去為美
國盃船賽做電報實況轉播。這在當時是很新奇的
事。

　　在馬可尼以前的年代，沒有電視，也沒有收
音機廣播。那個時代的大型長途船賽，都是船到
岸了，體育新聞記者才把比賽的過程以電報方式
送給報社，報社再發出新聞。

　　這次美國盃船賽的前一年夏天，英國和愛爾
蘭賽船，馬可尼應了愛爾蘭都柏林一家報社的要
求，透過一艘跟在賽船後面的電報船，即時用電
報轉播船賽的現場實況。因為如此，這一家報社

搶到了很多獨家新聞，做了一大筆額外的生意。

現場直播對我們現代人來說，已經習以為常。但在沒有無線電報以前，運動賽事的消息，除了少數在場的觀眾以外，一般人都只能事後在報紙上讀到比賽結果。馬可尼對船賽的電報轉播，讓人們能立即得知比賽過程中的先後起落，好像親身在現場觀看一樣刺激，這種新鮮的嘗試，非常受歡迎＊。所以這次美國報社也想效法，做了這樣的邀請。

馬可尼坐上美國的船，才剛剛在自由女神像的注目之下停靠紐約港口，就馬上成為記者搶著採訪的對象。

＊無線電報帶給新聞衝擊：人們喜歡聽新聞，但從前新聞要靠運輸工具傳播。例如中國古代的驛馬，就是傳播消息的主要管道。後來有陸地上的火車和海洋中的輪船，除了運送旅客和貨物，也靠它們傳遞信件和消息。距離遠的時候，送出去的信息，要幾天、幾個月，甚至更久才能收到。電報發明以後就不同了。訊號以電的速度傳播，變得更快速。無線電報更進步，不受電纜線的限制，海上、空中都不是問題，到後來發明廣播收音機，又節省掉報紙印刷所需的時間。而藉由現代的手機簡訊及通訊軟體，人與人溝通的速度變得更快了。

美國各大報的記者們第一次看到馬可尼，非常驚訝。他們心目中的發明家，沒有一個像他這麼年輕，而且衣著整潔，態度謙虛。

他們一聽到馬可尼講話的口音，更是大感意外。沒想到一個年輕的義大利人竟能講出這麼標準的英語，還帶了正規的倫敦腔。

　　一個記者搶先問：「馬可尼先生，聽說你正在實驗，要讓電報訊號穿越英吉利海峽，成功了嗎？」

　　馬可尼面帶微笑的回答：「我們剛剛成功，讓電報跨越 52 公里的海面。」

　　「聽說去年你們還只能傳十幾公里？」

　　「對，我們在英國的布理斯托海峽實驗，第

一次成功將訊號跨過海峽，傳
播了 16 公里。一年來，我們努力
的研究和改進，電報傳播的距離增加了
好幾倍。」

　　記者問：「看起來，你對海洋有特別愛好？」

　　馬可尼說：「海洋對我有難以抗拒的神祕吸
引力，我總是想去挑戰海洋的威力。當年我雖然
沒有達成進入海軍的心願，可是我發明無線電
報，最重要的目的，就是讓航海者能夠有效的通
訊，克服航海時可能遭遇的困難。」

　　馬可尼一直在改進他的無線電報，不斷加長
傳播的距離。聰明的他了解，從商業的角度來看，
無線電報在陸地上必須跟有線電報競爭。而在海
上，有線電報根本無用武之地，因為船隻航行不
可能被電線牽住。所以他專門針對海上通訊來發
展，因為那是無線電報可以發揮功能的領域。

　　另外，馬可尼知道如何讓他的名聲遠播。

　　首先，他安排機會，當著義大利國王和王后

的面，向義大利海軍示範，第一次把電報從岸上傳到船上，再從船上傳遞到岸上。

接著，他在英國外特島上興建了世界第一個無線電報站。他讓英國維多利亞女王，在外特島附近的船上試用電報。女王和她的侍從，跟愛德華王子之間，在短短十幾天裡，來來回回打了一百多通電報。

還有一次，惡劣的氣候把很多有線電報的電線摧毀了，馬可尼立刻提供無線電報給記者使用。

後來，馬可尼又想出個主意，成為在航海中的郵輪上發行報紙的第一個人。

此外馬可尼在郵輪上，還發生了另一件大事，他遇見了一位女士霍曼，很快的便墜入愛河，還跟她訂了婚。可惜由於他一直忙著工作，霍曼受不了寂寞，沒多久就取消了婚約。

09
跨越大西洋

　　只是馬可尼沒有因此自滿，他有了野心更大的目標——跨越大西洋，把歐洲和美洲用無線電報連接起來。

　　他謹慎思考之後，召集了董事開會討論。

　　馬可尼說：「各位，我認為現在是公司往前大跨一步的時候了。」

　　有一位董事起來發言：「可是最近公司花費比收入高出太多，都快要破產了！」

　　「我想提醒各位，大家都知道，我們剛剛得到英國專利局第 7777 號專利*，可以保證極大的收入。我們也剛聘請到了全英國有名的物理學家弗萊明，他提供我們雄厚的理論基礎。最重要的是，我們的研究發展，已經可以讓我們調整電報

接收，過濾掉其他雜音了。這種種成果都會讓公司的業績快速上升。」經過這幾年的歷練，馬可尼談話間自然而然流露出一股自信。

「既然我們有了這幾點成就，就該穩紮穩打。你預備怎麼樣再往前跨呢？」另一位董事發問。

馬可尼說：「我的計畫，絕對不能讓競爭者知道，你們都能保密嗎？」

會議室裡，每個人都面面相覷，不過想到是為了公司的生存，都點頭答應了。

馬可尼看到每個人都答應了，才繼續說明：「我決定下個目標，是要讓我們的電報信號能夠穿越大西洋！」馬上有人反駁：「那是不可能的！我看還是別浪費時間和金錢吧！」

「對呀！科學界不是說，地球是圓的，電波

＊第 7777 號專利：空中無數的無線電波是肉眼看不見的，它們包含各種不同的頻率。馬可尼公司發明了調整頻率的方式，才能夠準確的發射和接收無線電報訊號，不會互相干擾。這是最重要的發明。申請專利的時候，號碼是照順序排下來的，他們恰好幸運的被排到一個很容易記住的號碼 7777，因此這項發明變成了十分著名的專利。

是直的，過了太遠的距離，就收不到了嗎？」

　　馬可尼耐心解釋：「這一點我不相信。我的直覺是，電波會隨著地球的弧度傳播*。當然，我沒有理論根據，所以我們必須要做很多實驗來探討。這些實驗當然會增加花費，且短期內不會回收。可是不去試，絕對不會知道結果，我們一定要冒這個投資的風險。如果讓別人搶先做到了，我們的市場就沒了。」

　　其他董事們開始七嘴八舌的辯論起來。馬可尼站在桌前，只是面帶微笑，一副很有自信的樣子。大家看在眼裡，漸漸表示支持。

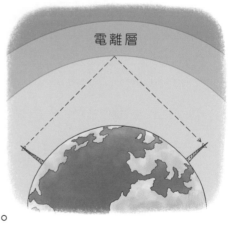

電離層

---

*地球弧度對電波傳播的影響：地球是圓的，從航海中的船往海面遠看，弧度更明顯。當遠處的船漸漸靠近的時候，我們會先看到尖頂，之後才看到船身。所以當初人們認為，電波如果以直線傳播，當距離變遠後，不就離地球表面越遠嗎？馬可尼的直覺是，電波的傳播路線會跟著地球弧度彎曲，可是他並沒有任何理論根據。往後科學家才發現，地球表面有一層電離層，會讓電波折射，所以馬可尼的直覺完全正確。

　　經過一番討論，董事們終於給了馬可尼認可，讓他著手進行。

　　第一步，馬可尼按照地形，在大西洋的東邊，選了英國的樸胡，開始動工。

　　幾個月後，馬可尼公司在樸胡建造的電報發射站完成。他們樹立起 61 公尺高的天線，相當於現代二十層樓建築的高度，非常巨大。這個發射站的信號強度，比他們從前的發射站增強了幾乎一百倍，可以收發到三百多公里外的信號。

　　在大西洋的西邊，馬可尼覺得有兩個地點可以實驗，一個是加拿大的紐芬蘭，另一個是美國波士頓附近的科德角。他們選擇先在科德角建造發射站。

　　大西洋的海面，有時候風颳得特別強，造好才不久的樸胡站，被一次強大的暴風雨吹壞了。馬可尼公司正在忙著修復的時候，波士頓科德角的發射站竟然也被吹壞。

　　這些困難，馬可尼完全不放在眼裡，一直努

力朝自己的目標前進。他勉勵自己，也不停的鼓勵別人。雖然科德角的發射站沒辦法使用，他還是不願意讓自己計劃的進度被耽誤。替他工作的人，看到馬可尼的高度自信，加上他以身作則，夜以繼日的埋頭苦幹，因而受到鼓舞，始終有著極高的士氣。

他帶著一批工程人員到紐芬蘭去實驗電報收發。他認為天線越高，訊號傳得越遠。為了增加高度，他學習富蘭克林的方法，利用風箏做天線。他還更進一步，加上了氫氣球，打造出 112 公尺高的天線。這已經幾乎相當於四十層樓了。

大風中，風箏都被吹跑了。馬可尼還是不屈不撓的堅持下去，屢敗屢戰。終於接收到了從英國樸胡發出來的訊號。

馬可尼高興極了，可是他要確定沒有其他問題。後來幾天，陸續成功接收二十幾次訊號之後，他才放心的向媒體宣布。這消息馬上就被傳開來——馬可尼的訊號跨越了大西洋。

衣錦還鄉探望父親

　　馬可尼在加拿大的紐芬蘭試驗的過程裡，利用風箏和氣球達到了足夠的高度，但是在大風中，天線高度會一直變化，讓訊號接收非常不穩定。雖然如此，他仍根據地理位置判斷，決定要在加拿大的這一地帶建造發射站。

　　紐芬蘭當地的有線電報公司聽說了馬可尼的計畫，非常擔心市場會被這個新的競爭者搶走，於是拚命反對，僱了大批律師，採取法律行動來阻止。

　　馬可尼估計形勢對他不利，就轉往加拿大的新斯克細亞省去試探。幸運的是，新斯克細亞省的政府很歡迎他，支持馬可尼在格萊斯灣建造無線電報站。

　　幾個月後，馬可尼公司在加拿大格萊斯灣的無線電報站建造完成。加上美國波士頓附近的科德角，和英國的樸胡，位在三個國家的三個電報站串聯起來了。

　　馬可尼從此成為國際知名人物。有一次，義大利國王到英國參加愛德華國王的加冕典禮，邀請馬可尼到他御用的船上，一方面讓他實驗海上電報通訊，一方面前往俄國訪問沙皇，並且示範無線電報，然後一起回到義大利。

　　馬可尼隨著國王回到義大利，受到同胞的熱烈歡迎，真可說是衣錦還鄉。

　　這一天，馬可尼回到了波隆納的老家，探望已經七十八歲的父親。

　　蒼老的爸爸擁抱著馬可尼，眼淚奪眶而出：「孩子，你瘦了。爸爸每天在報紙上找關於你的

新聞，一讀再讀。」

　　馬可尼眼睛也溼了：「爸爸，真高興看到您。我知道您一直關心我的一切。我想儘量寫信跟您報平安，可是實在太忙了。」

　　爸爸說：「這個我了解。尤其現在各國國王領袖都想跟你見面，時間當然非常寶貴。唉，我現在健康情況已經很差了，也不知道還能活多少日子。我只想跟你講，我真驕傲有你這麼個傑出的兒子。」馬可尼感動得說不出話來，又一次抱緊爸爸。

　　爸爸說：「當年我老是說你浪費時間，是我沒眼光。還好媽媽對你有信心，讓你追求你的夢想，不然你的才華早就被埋沒了。」

　　馬可尼說：「爸爸，您不必怪自己。我知道您想讓我有出息，要我走正路。其實我實驗一成功，您不也就馬上全力支持我了嗎？您的養育之恩，我永遠感激。」

　　爸爸很高興兒子那麼有成就，又看他這麼孝

順，更覺得安慰。同時馬可尼終於證明了他的理想可以實現，而得到爸爸對他的肯定，也算完成了他的一大心願。

兩個人要分離的時候，心裡都很難過，覺得很可能再也見不到面了。果然，一年多後，父親便過世了。

馬可尼道別了父親之後，回到工作崗位上，繼續不停的發展。他在美國的科德角電報站，替美國羅斯福總統發出一份電報給英國愛德華國王，還到美國紐澤西拜訪大發明家愛迪生，討論電磁方面的技術。

接著，義大利政府邀請馬可尼在義大利興建電報站。加拿大政府也撥下了事先答應的補助款，公司的財務情況開始好轉。

馬可尼的商業頭腦靈活，利用公司日漸增加的無線電報聯絡技術，開始搜集更多英國和美國的新聞，擴充他們在船上發行的報紙篇幅。

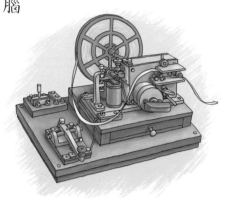

其他輪船公司，一看到市場有積極的反應，規模大一點的航線輪船也都紛紛跟進，開始發行報紙。這些新的電報需求，都更進一步增加了馬可尼公司的收入。

後來，日俄戰爭爆發。日本和俄國兩邊的軍隊，為了加強作戰能力，都跟馬可尼購買無線電報設備，他可以說是漁翁得利。

此後不久，英國國會通過法案，准許英國郵局傳遞馬可尼公司發出或者收到的無線電報。馬可尼公司的市場地位更加穩固了。

11
海難電報求援

　　馬可尼從小就愛海洋，所以每次航海，都是他覺得最愉快的時光，心中想的、眼中看的，都是最美好的。不論是工作或者休閒，只要有機會，他就選擇在海上度過。

　　他三十一歲的時候，在船上遇見了一位美國女士，碧翠絲。他對她一見鍾情，馬上展開追求攻勢。剛開始的時候，碧翠絲並不喜歡馬可尼，總是拒絕他的接近。因為兩年前，馬可尼曾經也同樣在船上碰見一位美女，船還沒有靠岸，兩人就閃電訂婚了。可是一上岸，馬可尼就狂熱的埋頭在工作裡，將未婚妻冷落在一旁，沒多久就解除婚約了。碧翠絲聽說過這段往事，她不願意重蹈覆轍。

可是，馬可尼的追求，就像他對工作的態度一樣，堅持不撓。他的追求手段也很有創意。

碧翠絲聲明不願意再跟他見面之後，他仍然精心安排，去說服碧翠絲信任的親友，出面邀請她上船遊玩。馬可尼躲在船上，出海之後才出現。碧翠絲發現受騙了，可是船已經開了，沒辦法迴避。經過一陣子，碧翠絲終於被他打動，答應了他的求婚。

但是結婚之後，馬可尼常常有很強烈的嫉妒心，讓碧翠絲相當受不了，所以兩個人的婚姻不是很美滿。

結婚第二年，他們的大女兒出生，但不幸的，才幾個星期就夭折了。接著，馬可尼又染上瘧疾，病了好幾個月。過了兩年，第二個女兒出生。再過兩年，又生了個兒子。當兒子出生的時候，他正好在海洋上。這個好消息是由他自己公司的電報傳播的。

因為他太太不知道馬可尼究竟在哪裡，這份

電報的收件人地址，只有簡簡單單的幾個字：「大西洋，馬可尼收」。顯然，當時所有收電報的人，都知道誰是馬可尼，也知道怎麼樣把消息送到他手中，這正是無線電報最大的好處。

這段時間裡，馬可尼一直不停的改善電報技術，建造無線電報站，不斷往世界各地發展業務。但是公司的花費太高，常常不得不裁員，馬可尼還常常自掏腰包來維持公司營運。一直到後來，北美和歐洲之間的越洋電報傳播終於穩固可靠了，馬可尼公司開始提供定期的服務，他們才有穩定的收入。

1909 年 1 月 23 日的清晨，在伸手不見五指的濃霧中，大西洋上有一艘遠洋定期客輪「共和國號」正緩慢前行。

正在睡夢中的賓斯，聽到轟的一聲，被一陣劇烈的震動搖醒。

他趕快跑出船艙到甲板上，看看是怎麼回事。只見他們的船被另一艘

船「佛羅里達號」攔腰撞上了。

　　這時候，船長跑過來說：「賓斯，我們的船被撞了！趕快發出求救電報！」

　　原來，共和國號最近剛配備了無線電報設備，賓斯是馬可尼公司的電報操作員。

　　賓斯馬上跑回電報室，發出緊急電報，說明共和國號的船身被撞損，並提供所在的位置，請求任何收到訊號的人趕來緊急營救。

　　第一份求救電報才剛發送出去，船長就又跑了進來：「賓斯，船身受損得很嚴重，如果沒有人馬上來營救，船就要沉了。趕快連續發出求救訊號！」

　　「報告船長，我正在試，可是停電了。」

　　船長只說了句：「快想辦法！」旁邊有船員上來報告：「船艙開始進水了！」

　　船長下令：「所有船員全部動員，立刻把船上的乘客，一個個用救生艇接駁到佛羅里達號上！」

　　這時候，賓斯立即用緊急備用電池搶修電報

機，一修好，就再繼續發出緊急求救訊號。

　　撞上共和國號的佛羅里達號本來就有兩千名乘客，撞船之後也有損壞，現在又超載，也面臨了危機。

　　50 公里外的岸上支援機構，雖然收到了求救訊號，但是因為濃霧籠罩，無法出海，救援工作被阻撓，岸上的人員愛莫能助。

　　幸好另外一艘更大的客輪波羅的海號恰好在附近，它收到了求救訊號，趕到現場。終於把所有共和國號上的乘客、船員和最後離開船艙的船長，全部救出。這次嚴重的意外事件，只有共和國號上的三個人，因為船艙被直接撞擊而不幸喪命，其他一千七百人，都被救出了。

　　馬可尼公司的電報操作員賓斯後來回憶說：「第二天早晨霧散了。我站在波羅的海號的甲板上，放眼望去，整個海面上大大小小的船隻無數。500 公里範圍之內，所有裝備有無線電報機的船隻，收到了我們的求救訊號，全都連夜趕來，向

我們伸出援手。大家都被這偉大的場面感動得掉下淚來。」

　　全世界的輿論都認為，馬可尼的發明，拯救了幾千人。電報操作員賓斯受到英雄式的歡迎，馬可尼的貢獻也被推崇到最高峰。

12

諾貝爾獎與
海上追蹤

　　瑞典的大發明家諾貝爾在 1896 年去世，那一
年馬可尼剛剛到倫敦，開始向各地展示他的無線
電報機。

　　火藥本來是中國的四大發明之一。因為它有
爆炸力，處理起來非常危險。諾貝爾發明了威力
強大但是比較安全的黃色炸藥。這是一項重大的
改良，全世界的需求量很大，諾貝爾因而致富，
留下了大筆遺產。諾貝爾生前看到自己的發明，
雖然對重大工程有貢獻，但是也被戰爭利用，造
成了極大的殺傷力，心中很難過，就決定把遺產
都用在對人類有益的方面。

　　從 1901 年開始，根據諾貝爾遺囑的指定，諾
貝爾基金會每年在物理學、化學、生理學或醫學、

文學、和平和經濟學領域，選出最有貢獻的人，頒發一筆可觀的獎金。

馬可尼從第一年開始，每年都被提名諾貝爾物理學獎，可是連續八年，從來沒有獲獎。一直到了 1909 年，他聽到傳言說諾貝爾基金會有可能頒獎給他。他寫信給太太碧翠絲說：「如果能得到，當然很好，不過我想大概不會是真的。」

誰知道，那不是傳言，是真的消息。不過他和德國的布勞恩共同得獎，平分獎金。兩個人對得獎都感到意外。

布勞恩得獎是因為他發明了陰極射線管。後來發明的電視機，最重要的零件就是陰極射線管。

馬可尼覺得自己連大學都沒有讀過，雖然發明了無線電報，但是對於很多基本的學術理論都

*曾得諾貝爾物理學獎的華人：五十幾年前，李政道和楊振寧兩位博士，成為最早得到諾貝爾獎的中國人。他們兩人一起獲得 1957 年的物理學獎。後來還有丁肇中、朱棣文、崔琦、高錕華人得到諾貝爾物理學獎。

不清楚，所以也覺得有點不安。可是全世界從新聞報導中，都知道了無線電報是多麼了不起的貢獻。

獲得諾貝爾獎的這一年，馬可尼公司名聲高漲，技術和業務方面都大幅擴張。公司擁有了六百項專利權，五百個電報站坐落在全世界每個角落。在巴西，他們的無線電傳播創下新紀錄，遠達 10800 公里。

好不容易解決了跟洛居的長期專利爭議之後，德國有名的德律風根公司又牽涉侵犯馬可尼著名的第 7777 號專利。經過幾年的奮鬥，馬可尼才又打贏了跟德律風根之間的專利官司。

還有另外一件轟動的社會新聞，也跟馬可尼的無線電報有關。

有一個名叫克里朋的美國人，犯下了殘忍的殺妻謀殺罪。警探杜瓦特經過很長時間的調查，結果確定他是嫌疑犯，正要逮捕他的時候，他卻和情人逃跑了，不知去向。杜瓦特警探於是公布

了他的照片。

　　一艘從比利時開往加拿大魁北克的船「蒙綽斯號」剛啟程。船長坎道依照慣例，一個個歡迎剛上船的乘客。

　　船長跟其中一名乘客和他的兒子打了招呼以後，覺得這兩個人的行為很奇怪，他突然靈機一動，想到剛剛才看過的報紙。

　　船長一回到自己的船艙，馬上把報紙拿出來再看一遍。報紙上刊登的嫌疑犯克里朋的照片，跟那一位乘客的模樣非常相像。坎道船長仔細研究之下，覺得那位乘客就是克里朋假扮的，他把鬍子刮掉了，髮型也改變了。而他兒子看起來像是女扮男裝，多半是他的情人變裝的。

　　坎道船長趕快把副手叫來：「立刻把船上所有報紙都收藏起來，不許讓任何乘客看到。除了船上的高階人員，不要讓任何人知道這回事。如果有乘客要報紙，就說報社來不及送到碼頭，所以船上沒有。」

　　船長接著叫來馬可尼公司的無線電報操作員：「這件事你一定要保密。立刻發送無線電報給警方，說嫌疑犯克里朋登上了蒙綽斯號。」

　　警探杜瓦特收到電報，馬上找了一艘速度比蒙綽斯號快的小船。他要在蒙綽斯號靠岸前先趕到加拿大魁北克的同一個碼頭。

　　當年還沒有飛機可以搭乘，再快的船從比利時到加拿大都要好幾天。坎道船長沿途一直仔細觀察嫌疑犯的一舉一動，隨時發電報給在另一艘船上的杜瓦特警探。

　　這時候美國的新聞記者得到了消息，開始跟蹤採訪。報社一直發行號外，不停的報告兩船的位置和克里朋的舉動。

　　世界各地的報紙讀者每天興奮的讀著這件事的最新動態，可是嫌疑犯克里朋和蒙綽斯號上的其他乘客卻毫不知情，因為他們沒

有任何的報紙可讀。

幾天後，蒙綽斯號靠岸了。在還沒有任何乘客下船之前，四個看起來像是碼頭領港員的人登上了船。其中只有一名是真正的領港員，其他是兩位便衣警察和杜瓦特警探。

杜瓦特警探站在克里朋面前的時候，克里朋還不知道是怎麼回事，來不及用上他口袋裡暗藏的手槍，就被戴上手銬，遭到逮捕。他的情人也立即被捕了。

這件跨洋追捕的精彩故事，靠著馬可尼公司的無線電報，一幕幕在世界各地的報紙讀者眼前演出，令人難忘。所有輪船公司看到這個情況，還沒有裝設無線電報的，都趕緊下訂單。無線電報需求持續高漲，馬可尼公司的利潤也不斷上升。

13

鐵達尼號

　　1912 年 4 月 10 日，一艘在當時是有史以來最大、最豪華的輪船，全新的「鐵達尼號」在英國啟程，開始第一次航行，將前往美國紐約。

　　那時候飛機才剛剛發明，還在實驗階段，無法讓一般人搭乘，越洋旅行只能搭輪船。最新的鐵達尼號設備齊全，船上有游泳池、健身房、圖書館、高級餐廳和舒適的臥艙。同時，造船公司號稱，鐵達尼號是不可能沉的船——它是利用最先進的技術和材料建造的，最為安全的船。只要是喜歡享受、奢侈的有錢人，都選擇鐵達尼號。由於是首航，造船公司為了宣傳，還邀請了各界名人搭乘。

　　因為船上也裝備了馬可尼公司的無線電報，

造船公司想要增加宣傳效果，特別邀請了馬可尼全家登船。

上船前幾天，馬可尼臨時有急須處理的公務，只好先另外找了一艘速度比較快的小船，馬上出發前往美國。原來的計畫是，他太太和孩子們依舊乘坐舒適的鐵達尼號隨後趕來，到紐約之後再全家團聚。誰知道就要上船前，馬可尼的小兒子忽然病了，碧翠絲決定不出門，沒有上船。因此，馬可尼一家就如此幸運的逃過了一劫。

鐵達尼號出發後的第四天，4月14日晚上十一點多，撞上了一座冰山*。

雖然船艙被撞了一個洞，可是因為船的噸位

*冰山：從前船隻在北大西洋航行，像「鐵達尼號」一樣撞上冰山的不幸事件常常發生。根據「阿基米德定律」，冰山的90%都在海平面以下，只有10%露在水面上。航行的船隻，沒有辦法判斷海面以下的冰山情況，所以就有撞上的危險。這也是為什麼我們會用「冰山一角」，形容嚴重的問題只露出表面的一小部分。馬可尼曾經準確的預測，很快就會有人利用無線電波發明雷達。雷達可以有效偵測海面下冰山的距離和形狀。目前有「國際冰巡邏隊」偵測世界各處冰山的動向，幫助航海者避免海難。

很重，大多數的乘客都沒有感覺到什麼震動。

　　當天船上有兩名馬可尼公司的電報操作員，菲利普斯和布萊德。兩個人已經忙了一整天，精疲力竭。因為在這艘兩千多人的船上，來來往往的電報多得處理不完，他們倆連著工作了十幾個小時。那天晚上剛吃完晚飯的時候，菲利普斯看布萊德呵欠連天，就跟布萊德說：「你太累了，先去睡一下吧。」

　　布萊德在電報室隔壁睡了一下，午夜左右剛剛醒過來，穿著睡衣走到電報室去，看到菲利普斯還在忙，就跟他說：「還是讓我來接手幫忙，換你去睡吧。」

　　菲利普斯正要回答，開船以後就一直在耳邊迴盪的引擎聲音忽然停了下來。他們正覺得奇怪，就見船長急急忙忙來到電報室，告訴他們：「我們的船撞上了冰山，趕快發出緊急求救信號。」

　　布萊德連睡衣都來不及換，就坐下來幫菲利

普斯一起發求救電報。

　　當時離鐵達尼號距離最近的是「加利福尼亞號」，電報機上收到了求救的訊號，可是沒有人看到，因為他們船上只有一名電報操作員，已經下班睡覺了。

　　距離相當遠的「卡帕夏號」收到了求救電報訊號。被從床上叫醒的卡帕夏號船長，下令立即掉轉船身，鎖定鐵達尼號的座標位置，全速前進。他動員所有船員和醫療人員，做好救援的準備動作。同時他回電鐵達尼號，估計四小時可以到達他們所在的位置。

　　鐵達尼號船長和總工程師檢查發現，船的主要機房已經開始進水，估計兩小時內船就要沉了。馬上開始下令所有乘客緊急撤離。

　　鐵達尼號裝備的救生艇，可以容納的人數遠遠少於乘客數目，船長下令讓婦

女和兒童優先。緊急混亂之中，有些救生艇還沒坐滿，就被放下海了，許多可以多救一些人的機會就這樣輕易的被浪費掉。

馬可尼公司的電報操作員菲利普斯和布萊德兩人，一直不停的拚命送出求救訊號。

一直到快要清晨兩點，鐵達尼號船長跑到電報室門口來，跟他們兩個說：「不行了，沒有希望了。我要下令棄船，你們快逃命吧！」可是他們還不停的在按著摩斯電碼器，一直到所有電力全都停了，他們才衝上甲板。這時候已經是 2:17 了。

布萊德先往下跳，抓住了一艘翻了身的救生艇。他回頭看到菲利普斯跳下來，可是看不見他

掉在何處。三分鐘以後，船開始急速往下沉。

卡帕夏號船長雖然急著想營救，可是海上到處都是冰山，只能小心翼翼的左閃右避。在 2:45 的時候，看到遠處有一道閃光，好像是信號彈。卡帕夏號朝著那個方向前進，五十分鐘過去了，還是沒有看到任何的輪船或者救生艇。

一直到四點左右，破曉時分，卡帕夏號船長下令關掉引擎，他想應該已經到了船難的地點了。這時候又看到一枚信號彈，在 100 公尺外，他們發現了第一艘救生艇。從第一批被救起來的人口中知道，2:30 的時候，鐵達尼號已經從海面上完全消失了。

卡帕夏號花了六個小時，救起來七百多名乘客。菲利普斯已經凍死了，布萊德躺在一個翻了的救生艇上幾個小時，幸運的獲救了。

卡帕夏號上只有一名馬可尼公司的電報操作員，柯譚。他已經整晚連續工作了八、九個小時。這時候，船長看情形應該已經沒有其他生還者，

便要他發電報通知正趕來營救的其他船隻不必來了。

　　還穿著睡衣的布萊德，身上包著厚毯子。他把凍傷的腳，給醫務人員包裹之後，就趕到電報室去幫忙，坐在床沿操作。這時候，他們忙著把七百多名生還者的名單，用電報傳播到紐約。

　　4月18日，卡帕夏號抵達紐約港。馬可尼公司的電報操作員都受到英雄式的歡迎。馬可尼被認為是鐵達尼號生還者的救星。

　　雖然鐵達尼號有七百人獲救，可是另外一千五百人卻不幸喪命了。這次的災難，凸顯了無線電報的重要性。從此以後，所有的輪船都確保有足夠的電報操作員，可以一天二十四小時不停的輪班。

14
第一次世界大戰

　　1912 年鐵達尼號事件使馬可尼的事業和名聲達到巔峰。可是沒多久，就出現了巨大變化。

　　那年 7 月 ，有人揭發出一件涉嫌貪汙的醜聞。

　　有媒體報導，馬可尼公司的總經理艾薩克，要求英國政府幫忙，向外國推銷擴展無線電報業務。在此同時，艾薩克建議他的兄弟們購買馬可尼公司的股票。

　　英國當時的總檢察長是艾薩克的兄弟之一，也買了馬可尼公司的股票。所以有人把這兩件事聯想起來，懷疑他們有貪汙嫌疑。經過一段時間折騰，持續了一年多的調查，結果司法機關發現他們並沒有任何非法行為，這宗案子被撤銷了，

但馬可尼公司的名聲有了汙點。儘管這件事並沒有牽涉到馬可尼本人，可是他覺得受到了很大侮辱。

1913 年 10 月，一艘船碰上了嚴重的海難。不過這一次禍首不是冰山，而是火災。

「福爾托諾號」從荷蘭的羅特但港出發，目的地是美國紐約。這是一艘貨運和客運兩用輪船，船上除了有很多前往新大陸的移民外，還裝載了許多酒和易燃的化學原料。

可能是有人不顧禁止吸菸的規定，使船艙起了火，酒精燃燒很快，引發了化學原料爆炸。不久火勢加大，船上的消防設備沒有辦法控制，船長下令所有乘客移動到船尾，並且發出無線電報求救。

附近的輪船收到電報訊號後都往福爾托諾號趕來。最近的是「卡門尼亞號」，兩船距離 125 公里。在大風大浪中，卡門尼亞號以最快的速度前行，在四小時以後看到了起火的福爾托諾號。卡

門尼亞號嘗試各種營救方式，但都因為風浪太大，沒有辦法靠近。

幾小時後，俄國、德國、法國、英國共九艘船，都趕到現場圍繞著福爾托諾號。經過整晚奮鬥，到第二天才完成救援。

這一次的事件，再次證明無線電報通訊是不可或缺的。沒有它，在當時危急的情況下，這麼多艘船隻要互相溝通，幾乎是不可能，傷亡人數更是無法想像。

馬可尼公司的無線電報再一次扮演了最關鍵的角色，馬可尼則被視為英雄。新聞輿論覺得，前些日子的貪汙醜聞，不應該連累到馬可尼，那對他太不公平了。

英國王室大概覺得，需要給馬可尼一點安慰補償，就授給了他一個爵位。

1912 年 9 月悲劇發生。馬可尼帶著太太，在義大利旅行時，他們坐的車被另一輛車迎面撞上。車上其他乘客都只有輕傷，然而馬可尼卻因

此右眼失明。馬可尼找了個最好的醫生，裝了一顆假眼珠，手術非常成功，完全看不出真假。連他的孩子們都是到了長大以後，才知道爸爸有個假眼睛。

　　對一般人來說，一隻眼睛失明，是一件重大的挫折。可是個性堅強的馬可尼，充滿了生命力，他知道生命中有些事不是人力能挽回的。沉湎於過去已經發生的事，完全於事無補，所以他一點都不懊喪氣餒，只往前看，繼續往他自己的人生目標前進。

　　1914 年，第一次世界大戰*爆發。

　　一開戰，英國就把德國的海底電纜切斷，德

---

*第一次世界大戰：1914 年 6 月，塞爾維亞一名學生槍殺了奧匈帝國的王位繼承人。奧匈帝國向塞爾維亞宣戰後，本來就有民族仇恨的其他國家，為了爭奪殖民地和軍事裝備的競賽，一個個國家紛紛加入大戰。四年多的交戰，造成一千萬人喪生，兩千萬人受傷，是一場慘烈的戰爭。

國沒有辦法使用有線電報，只好完全依賴無線電報。

　　雖然馬可尼在英國那麼久了，也說得一口標準英語，可是大家都看得出來，他對自己的祖國義大利忠心耿耿。在大戰剛開始的時候，義大利沒有表明立場，英國非常擔心義大利會向德國靠攏，也連帶對馬可尼不放心了。

　　英國政府深深知道無線電報在戰爭上的重要性，所以在確保國家安全的前提下，把馬可尼公司在英國的所有無線電報業務，完全控制接管。

　　其實這對馬可尼是相當不公平的。在整個戰爭過程中，馬可尼公司有三百五十名不是軍人，卻因戰爭而陣亡的無線電報操作員。

　　1915 年，義大利對德國宣戰。馬可尼總算鬆口氣，因為這樣他就不必跟英國敵對了。馬可尼回到祖國，投入義大利陸軍，受階中尉。理所當然的，他負責指揮所有的無線電報操作。

　　他少年時代就夢想進入海軍。這時候他雖然

屬於陸軍，可是為海軍效勞的機會來了。當時飛機剛剛發明，作戰的時候，飛機屬於海軍管轄。於是他受命研發飛機的通訊系統。

當年的戰機只能坐一個人，飛行員沒有辦法用手操作電報機。馬可尼就發明無線電話，供飛行員跟地面通訊站通話。在戰爭結束的時候，義大利已經有六百架飛機配有無線電話，地面建立了一千個通訊站。

1917 年，美國也加入了世界大戰。這時候馬可尼開始擔當起外交任務，代表義大利政府訪問英國和美國。世界大戰結束後，馬可尼還代表義大利出席巴黎和平會議。

這次大戰持續了四年多，馬可尼的研究工作完全停擺。在此同時，英國和美國政府因為實際的使用，對無線電報有了深刻的理解。因此，在跟兩個國家交涉的時候，馬可尼失去了他商業上的優勢。這是戰爭帶給馬可尼最大的損失。

15

海上實驗室

　　第一次世界大戰結束的時候，馬可尼從英國海軍手中，買下一艘從戰場上退役的船。他把船徹底裝修，除了裝潢得舒適漂亮之外，還把原來船上的無線電報室擴充成他的實驗室。他把這艘船命名為「宜蕾垂號」，是英文「電」的意思。

　　後來的十幾年，宜蕾垂號成了馬可尼的家、實驗室、出去航海旅行的運輸工具，也是他招待貴賓和好友的地方。

　　這一天，一位幾乎二十年沒見過面的老朋友來宜蕾垂號探望馬可尼。

　　朋友在馬可尼船上參觀，走了一圈之後說：「太好了。你從小就喜歡航海，這下可真是如願了吧？」

　　馬可尼說：「沒錯。當初我不顧家人反對，把在羅馬的房子賣了，換來這艘船。這真正是我的最愛，尤其是這個設備齊全的實驗室，給了我太多的樂趣。」

　　朋友問：「你還在發明什麼新東西？」

　　馬可尼說：「其實早在十幾年前世界大戰期間，我就想研究短波。」

　　「我以為你從前說過，無線電報用長波才能傳得遠？」

　　「這是當時一般的想法。我當年也是聽一般科學報導這麼講，就相信了。當時我怕競爭者搶先，所以拚命趕時間研發長波技術。後來公司事業發達了，我才有功夫去探索。我發現短波其實有很多好處，好比發射和接收訊號不需要那麼高的天線。如果在發射器後面裝上反射鏡，幫忙聚焦，電力也可以節省很多。」

　　朋友說：「怪不得新聞報導說，你們公司在全世界的無線電報站都完成了更新工程。」

　　馬可尼說：「是呀。這個新發現要實施，整體來說需要雄厚的資本，不過這個投資一定會有很好的回收。我們在南非、印度、澳大利亞、美國、南美洲都設立了短波站。」

　　「看樣子，你可以輕鬆一下了？」

　　「哈哈，我是閒不住的。我現在正在研究超短波和微波。」

　　朋友說：「你都是快要六十歲的人了，還這麼認真？」

　　「這幾年，我好幾次心臟病發作，體力已經大不如前了。我的想法是，正因為人生苦短，能做事的時候趕快做。」

　　「怪不得你離婚後又結了婚。聽說你還到很多國家去旅行了？」

　　馬可尼說：「對。我到中國訪問，見到了蔡元培、孔祥熙、宋子文；在日本皇宮

拜訪了昭和天皇；在白宮也見到美國總統羅斯福。最難忘的是在美國參加芝加哥的世界博覽會。」

「我聽說了！你去的那一天，他們宣布是馬可尼日。」朋友一臉興奮。

「世界博覽會精心安排了一個精彩無比的節目。我先從芝加哥發出了摩斯電碼的三短碼『滴、滴、滴』，這個訊號接力轉播出去，經過紐約、倫敦、孟買、馬尼拉、檀香山、舊金山，再回到芝加哥的時候，電波觸發了引信，發射出滿天煙火。電報訊號在短短的三分二十六秒之內，成功環繞了整個地球一周。」

「太棒了！」

這時候，馬可尼轉過身去調節桌上的一個機器，船上的擴音器傳出了好聽的音樂。他回過頭來跟他朋友說：「你聽，這是倫敦交響樂團的演奏廣播。」

　　在那個年代，廣播才剛剛開始流行。能在船上聽到廣播，很不容易。

　　朋友說：「這實在太神奇了！」

　　馬可尼說：「我們今天能聽到廣播，要歸功於我們公司的弗萊明發明的真空管，它是後來收音機的主要零件。人的眼睛看不到電磁波，從前人們不知道它的存在。自從發現電磁波，才知道它有多大魔力。我看未來的幾十年裡，這方面的新發明會多得不得了。我可以預測，最近我構想的雷達，馬上就會有人成功的發明出來。」

　　馬可尼的預測完全正確，沒多久就有人發明了雷達。利用電磁波發射後，從其他物體反射回來的電波，可以計算出那個物體的方向、速度、形狀等等。雷達被應用的範圍，廣大無邊。

16

無線電英雄的尾聲

　　馬可尼的祖國義大利一直把他當作英雄。雖然在英國生活多年，可是他對義大利的愛國表現，從來沒有減少。義大利的領袖墨索里尼也把馬可尼當作好朋友。

　　墨索里尼成立了國家法西斯黨之後，馬可尼馬上熱心的加入。墨索里尼為了答謝他，任命馬可尼為義大利皇家學院的院長。

　　當時墨索里尼政府做了國際社會認為大逆不道的事：侵略阿比西尼亞。馬可尼代表義大利政府，到各國去旅行演說，為法西斯政府辯護。在英國，馬可尼正準備要上廣播電臺節目為此演說，英國政府聽說了，非常不高興，立即禁止馬可尼廣播。這事件可說是對馬可尼人生轉折過程

的一項諷刺。當年，義大利郵局不給馬可尼機會，
而是英國郵局全力支持，他才成功的發明了無線
電報。後來，馬可尼幫助英國成立了國家廣播公
司。誰知道，他晚年為了替自己祖國的領袖辯護，
而與英國政府立場對立，竟然無法在他自己輔助
問世的廣播電台發言。在國際輿論的強大壓力
下，馬可尼只好黯然回到義大利。1937 年 7 月 20
日，馬可尼在義大利羅馬去世，享壽六十三歲。

義大利領袖墨索里尼下令，隔天為馬可尼舉
行國葬。羅馬市區裡，幾千人排隊經過他的棺前
致哀。他的故鄉波隆納也為他舉行隆重的葬禮。
倫敦、紐約也都有紀念儀式。每一個人都珍惜他
的貢獻。

馬可尼去世的新聞，經由他自己發明的無線
電報，向全世界傳播出去。世界各國的報紙都以
頭條新聞報導，幾乎所有的廣播電臺都沉默哀悼
兩分鐘。這沒有聲音的兩分鐘，提醒了人
們，沒有無線電以前的世界。

17
對後世的影響

　　琪琪約了怡怡回家玩，看到爸爸就說：「爸爸，我跟怡怡說了無線電報的發明，她很好奇，想知道我們現在有多少東西，是受了馬可尼發明的影響。」

　　爸爸笑著說：「怡怡這個問題問得好，可是很不容易回答呢。馬可尼得諾貝爾獎才一百多年，可是在電磁方面的進展太快了，他的發明直接間接的影響了不知道有多少人。不過我們可以儘量試一試，來個腦力激盪，就從我們看得到的開始吧。」

　　琪琪搶著說：「我知道，手機！」

　　「賴皮！這妳當然已經知道了，不算！」怡怡接著趕快說：「電話！」

琪琪說：「嗯，從進門開始，電鈴？」

「對！還有呢，現在有的人進門前會先用遙控器打開車庫門，那遙控器就是受到馬可尼發明的影響。」爸爸笑著說。

怡怡馬上接口：「我知道了，電視遙控器也是！」

琪琪叫：「電視！」

爸爸也說：「收音機！」

怡怡指著電視櫃下面：「那一些都是，DVD播放機、錄影機……」

爸爸說：「還有廚房裡，每天大家都用的……」

琪琪和怡怡兩個人一起喊：「微波爐！」

爸爸說：「妳們真不錯，差不多都說出來了

一般來講，無線的電器當然比較明顯，不過一些有線的電器，也是利用電磁波的原理，多半都受到馬可尼發明的影響或啟發。在我們家中可以看到的範圍以外，還有很多。光是通訊方面，

就有各種設備，從小小的對講機、全球定位系統，一直到太空通訊衛星，可以說都是有關的。仔細想想，整個電腦網路的連接，不也都是跟馬可尼的發明相關嗎？」

「這麼說，馬可尼得諾貝爾獎是很理所當然的？」怡怡問。

「他的發明確實貢獻很大。光是那幾年，海上船難被救起來的人命就數不清了。長遠來說，對人類互相聯絡的方便，增加了極大的安全保障。消息的快速傳達，不光是有助於救援，整體帶來的各方面利益是說不完的。」

琪琪說：「一個人能夠帶來這麼大的影響，真了不起！」

爸爸說：「對！這都是因為馬可尼年輕的時候，找到自己的夢想，並對自己有不可動搖的信心，不怕任何挑戰，堅持追求夢想的結果！」

很湊巧的,「領航人物」這個稱呼,對馬可尼來說,可以說有雙重意義。

他從小喜歡航海。他努力追求而發明成功的無線電報,最直接受益的就是航海者和領航者。

無線電報發明以前,海洋中的船隻對外的通訊能力有限。遇到意外事件,每每正是氣候惡劣、通訊條件最差的時候,求救特別困難。因為海難而喪生的人很多,有些船甚至沉到海底,永遠失蹤。馬可尼發明的無線電報,使得海洋上的通訊不受氣候和地理環境限制,讓無數遭遇海難的人得救。在正常運作的情況下,無線電報也給航海者和領航者帶來巨大的便利。不論是有關位置、速度,或者附近環境的最新情況,估計到達時刻,或者其他鄰近船隻相互聯絡 , 都可以在瞬間傳達。

　　無線電報的應用從航海延伸到航空，同樣的，它使得飛行安全得多。

　　當初電磁學剛起步的時候，絕大多數的科學家，不認為電磁波有什麼實際應用價值。馬可尼雖然沒有受多少正規的教育，可是他有自己獨特的想法。最重要的是，他不因為別人認為不可能就輕易放棄自己的目標。

　　馬可尼證明了理論不見得永遠必須走在實際之前。人們常相信自己的直覺，可是直覺並不一定是正確的。尤其像電磁學這樣一個全新的領域，毫無經驗可循，充滿很多的假設和疑團。如果理論鑽進了牛角尖，就沒有辦法再發展下去。更糟糕的情況是，錯誤的假設還可能會引導人們走往錯誤的方向。馬可尼做了無數的實驗，失敗了再重來，這種不怕失敗的態度，造就了他的成功。

　　無線電報的發明，激發了科學界的想像力。以無線電報技術為基礎，很快的就有人發明雷達、收音機、電視機。通訊方面在這百年來突飛猛進，讓人類有能力突破強大的地心引力，把通訊衛星放入太空，才有今天手機隨地可用的世界。事實上，今天每一個手機裡，就包含了相當於一臺有強大威力的無線電報發報機和接收機。日常所見各式各樣的遙控器，也都是無線電報技術最基本的應用。

　　馬可尼能為後人帶來這一切的貢獻，歸根結柢還是來自他的領航者個性。在開闊的空間帶領人們——設計超越障礙的路線，仔細搜集和觀察環境的資料，隨時調整前進的方向，最終成功達到目標！

馬可尼 小檔案

1874 年　4 月 25 日出生於義大利波隆納。

1895 年　馬可尼的早期無線電系統，可以在 1.6 公里的距離內，發送和接收訊號。

1896 年　定居英國倫敦，尋求財源支持和推廣他的發明。7 月提出全世界第一項無線電專利申請。12 月和普利司在倫敦湯恩比廳示範無線電。

1897 年　無線電電報及訊號公司成立。

1899 年　3 月 27 日傳送無線電訊號穿越英吉利海峽。美國馬可尼無線電電報公司成立。

1900 年　獲得英國第 7777 號專利：調整無線電波頻率的發明。

1901 年　傳送第一個穿越大西洋訊號。

1902 年　傳送第一個穿越大西洋的完整電報。

1905 年　與碧翠絲・歐布萊恩結婚。

1909 年　獲得諾貝爾物理學獎。

1912 年　4 月 15 日馬可尼公司的操作員在鐵達尼號船

上以無線電發出求救電報。7 月，英國政府官員涉嫌與馬克尼公司內線交易，皆被指控貪汙。9 月，馬可尼因車禍失去右眼。

1914 年　第一次世界大戰爆發。英國政府在大戰期間，完全控制接管馬可尼公司在英國的所有無線電報業務。

1915 年　義大利對德國宣戰後，馬可尼投入義大利陸軍，受階中尉。

1919 年　第一次世界大戰結束後，代表義大利出席巴黎和平會議。

1922 年　預言雷達的發明。

1935 年　英國政府禁止馬可尼在英國廣播為義大利法西斯政府辯護。

1937 年　7 月 20 日，馬可尼在義大利羅馬去世。

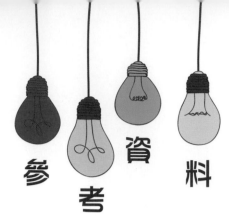

參考資料

書籍

- *Thunderstruck*／Erik Larson 著
- *Guglielmo Marconi: Inventor of Wireless Technology*／Liz Sonneborn 著
- *Guglielmo Marconi: Radio Pioneer*／Beverley Birch 著
- *Signor Marconi's Magic Box: The Most Remarkable Invention of the 19th Century & the Amateur Inventor Whose Genius Sparked a Revolution*／Gavin Weightman 著

網頁

- MarconiCalling
  http://www.marconicalling.com/（英文）

近代領航人物

生命教育首選讀物

養成良好品格，激發無限潛力，打造下一個領航人物！

你可以像自由鬥士 曼德拉 一樣找到自己的理想嗎？

你能像世界知名設計師 可可・香奈兒 一樣隨時發揮創意嗎？

你想成為像搖滾巨星 約翰・藍儂 一樣的萬人迷嗎？

讀完他們的故事，你也做得到！

◆ 近代人物，引領未來航線

◆ 橫跨領域，視野真正全面

◆ 精采後記，聚焦全書要點

◆ 彩色印刷，吸睛兼顧護眼

全系列共二十冊
陸續出版

兒童文學叢書

每個孩子都是天生的詩人

您是不是常被孩子們千奇百怪的問題問得啞口無言？
是不是常因孩子們出奇不意的想法而啞然失笑？
而詩歌是最能貼近孩子們不規則的思考邏輯。

小詩人系列

 現代詩人專為孩子寫的詩　　 **親子共讀，促進親子互動**

 詩後小語，培養鑑賞能力　　 **豐富詩歌意象，激發想像力**

 釋放無限創造力，增進寫作能力

在經典故事中成長

一有圖、有料、有意思

🍐 導讀簡明，掌握故事緣起
🍐 內容生動，融合古典新意
🍐 插圖精美，呈現具體情境
🍐 經典新編，富含文學性質

全系列共三十冊　敬請期待

一生不可不讀的三十本經典

國家圖書館出版品預行編目資料

馬可尼 / 唐念祖著;王平, 馮艷繪. －－初版一刷. －－
臺北市: 三民, 2014
面; 公分. －－(兒童文學叢書/近代領航人物)

ISBN 978－957－14－5866－3 (平裝)

1. 馬可尼(Marconi, G. , 1874－1937) 2. 傳記 3. 通俗作
品

781.08   102025997

© 馬可尼

著 作 人	唐念祖
繪　　者	王 平　馮 艷
主　　編	張燕風
企劃編輯	莊婷婷
責任編輯	楊雲琦
美術設計	林子茜
發 行 人	劉振強
著作財產權人	三民書局股份有限公司
發 行 所	三民書局股份有限公司
	地址　臺北市復興北路386號
	電話　(02)25006600
	郵撥帳號　0009998-5
門 市 部	(復北店)臺北市復興北路386號
	(重南店)臺北市重慶南路一段61號
出版日期	初版一刷　2014年1月
編　　號	S 782380

行政院新聞局登記證局版臺業字第○二○○號

有著作權·不准侵害

ISBN　978-957-14-5866-3　(平裝)

http://www.sanmin.com.tw　三民網路書店
※本書如有缺頁、破損或裝訂錯誤,請寄回本公司更換。